Liebe Eltern,

jedes Kind ist anders. Eines kennt bereits alle Buchstaben in der Vorschule und kann sie zu Worten formen. Ein anderes lernt das ABC beim Eintritt in die Schule. Für das spätere Leseverhalten ist das völlig unerheblich. Wichtig aber ist der Spaß am Lesen – und zwar von Anfang an. Darum muss sich die konzeptionelle Entwicklung von Lesetexten an den besonderen Lernentwicklungen des einzelnen Kindes orientieren.

Wir haben deshalb für unser Bücherbär-Erstleseprogramm verschiedene Reihen für die Vorschule und die ersten beiden Schulklassen entwickelt. Sie bauen aufeinander auf und holen die unterschiedlich entwickelten Kinder dort ab, wo sie sind. So wird der Lernprozess auch für den fortgeschrittenen Erstleser leichter und die Freude am Lesen hält ein Leben lang.

Die Bücherbär-Reihe **_Kurze Geschichten_** richtet sich in der Regel an Leseanfänger in der 2. Klasse.

Ulrike Kaup
Wikinger-Geschichten

Für Elmar

Ulrike Kaup
wurde in Gütersloh geboren. Sie studierte Germanistik und Sozialwissenschaften in Münster. Danach ging sie ins Ausland und lebte unter anderem ein halbes Jahr in Australien. Sie ist Realschullehrerin und schreibt Kinderbücher.

Markus Spang
wurde 1972 in Karlsruhe geboren. Nach einem Ausflug in die Philosophie und Kunstgeschichte studierte er Illustration in Krefeld und Münster. Heute lebt und arbeitet er in Köln als freier Illustrator.

Ulrike Kaup

Wikinger-Geschichten

Mit farbigen Bildern von Markus Spang

Arena

2. Auflage 2013
© Arena Verlag GmbH, Würzburg 2010
Alle Rechte vorbehalten
Einband und Illustrationen: Markus Spang
Gesamtherstellung: Westermann Druck Zwickau GmbH
ISBN 978-3-401-70383-1

www.arena-verlag.de

Inhalt

Aki rettet die Mönche — 10

Harald mit der großen Klappe — 31

Ein ganz besonderer Schatz — 41

Snorri, Freund der Wale — 53

Die Legende von Freya Windbraut — 61

Aki rettet die Mönche

Wenn es einen Wikingerjungen gab, der den Jungen in seinem Alter voraus war, dann war es Aki. Er war der geschickteste Bogenschütze und kannte die wildesten Flüche. Er konnte kleine Spielzeugpferde schnitzen und tauchen wie eine Robbe. Wen wundert es da, dass Aki eines Tages den Wunsch verspürte, in See zu stechen. Ein furchtloser Wikinger wollte er sein. Einer, der den Gefahren des Meeres trotzte. So wie sein Onkel Ingolf.

Aber Ingolf wollte Aki noch nicht auf große Fahrt mitnehmen. „Du bist jetzt zehn Jahre alt", sagte Ingolf. „An deinem 14. Geburtstag darfst du mich nach England begleiten. Erst dann darfst du Pfeil und Bogen tragen. Erst dann bist du ein Mann."

Vier lange Jahre sollte Aki warten! Nein, das wollte er nicht. „Vom Warten kriegt man schlechte Laune und ein miesepetriges Quarkgesicht", sagte er zu seinem Raben Schwarzbauch. „Wir müssen uns wohl oder übel auf Ingolfs Schiff schmuggeln."

Und so schlich er sich in der Nacht auf den „Wellenwolf" und versteckte sich in einer Seekiste. Am nächsten Morgen schaukelte es gewaltig. Endlich auf See, dachte Aki. Zum Glück hatte er das Schaukeln auf dem Dorfspielplatz trainiert. So wurde ihm jetzt nicht schlecht. Erst am Abend verließ er sein dunkles Versteck.

„Hallo, Onkel Ingolf!", sagte er fröhlich. Dabei war ihm gar nicht wohl zumute. Denn wenn man einen wilden Wikinger ärgerte, konnte man normalerweise sein

blaues Wunder erleben. Doch ehe Ingolf losschimpfen konnte, rief der kahle Knut: „Wenn das kein mutiger Wikingerjunge ist, fress ich einen Läusekamm!"
„Ja, einen Läusekamm!", rief die ganze Mannschaft.
Da musste sich Ingolf beherrschen. Doch er zischte Aki ins Ohr: „Wenn wir wieder zu Hause sind, versohl ich dir den Hintern, dass man dein Geheule bis nach Haithabu hört!"

So gingen Aki und Schwarzbauch doch noch auf große Fahrt. Das Leben auf dem „Wellenwolf" hatten sie sich allerdings etwas gemütlicher vorgestellt. Nicht so kalt und windig.

Wenn es dunkel wurde, lauschten alle dem kahlen Knut. Er konnte singen und Gruselgeschichten erzählen. Und er kannte jeden Stern am Himmel.

Eines Abends sagte er: „Der Mond sieht aus wie ein Pfannkuchen. Wenn wir morgen früh nicht in England sind, fress ich einen Läusekamm." Dabei hatte er ein böses Funkeln in den Augen.
„Dort machen wir erst mal ein kleines Picknick", grölte die Mannschaft und brach in ein Höllengelächter aus. Und Knut hörte gar nicht mehr auf zu grinsen, bis der Wind durch seine Zahnlücken pfiff und Schwarzbauch erschrocken aufkrächzte. Langsam breitete sich ein unheilvolles Gefühl in Aki aus. Nur ein Holzkopf konnte glauben, dass die Mannschaft des „Wellenwolf" den weiten Seeweg unternahm, um Handel zu treiben.

Wie richtig Aki mit seiner Vermutung lag, sollte er noch am gleichen Abend erfahren. Er lag schon eine ganze Weile in seinem Pelzsack, als er hörte, wie Ingolf und Knut sich leise unterhielten.

„Wenn der Wind sich nicht dreht, können wir schon morgen früh das Kloster plündern", hörte er Onkel Ingolf flüstern. „Ich kann es kaum erwarten, die frommen Brüder gefangen zu nehmen", frohlockte Knut. „Wir könnten ein paar Sklaven gebrauchen, die etwas von gutem Wein verstehen."

„Ach, du dickes Walross!", sagte Aki leise zu seinem Raben. „Die wollen ein Kloster überfallen. Alte Schweinebande! Da muss ich mir morgen unbedingt etwas einfallen lassen, um die armen Mönche zu retten. Aber vorher brauche ich noch eine Mütze Schlaf. Gute Nacht, Schwarzbauch!"

Im Morgengrauen tauchte endlich die Küste Englands auf. „Land in Sicht!", rief der kahle Knut. Die ganze Mannschaft eilte an die Ruder und legte sich mächtig ins Zeug. „Das ist nur ein kleines Kloster", rief Onkel Ingolf, der angestrengt Ausschau hielt. Aber der kahle Knut war nicht zu bremsen. „Auch kleine Klöster haben große Schätze", erwiderte er. Das hatte er mal auf einem Runenstein gelesen.
Kaum setzte das Schiff auf dem Strand auf, da sprangen die Wikinger wie wild gewordene Hummeln aus dem „Wellenwolf". Bewaffnet bis unter die Zähne stürmten sie zum Kloster und überfielen die ahnungslosen Mönche, die gerade ihre Morgenandacht hielten.

„Man muss nicht mutig sein, um jemanden zu überrumpeln, der gerade ein lautes Halleluja singt", sagte Aki zu Schwarzbauch. „Das können wir Onkel Ingolf nicht durchgehen lassen. Die Wikingerehre steht auf dem Spiel."

Nachdem alle Mönche gefesselt und geknebelt in den Klostergarten verfrachtet worden waren, machten sich Onkel Ingolf und der kahle Knut daran, die Schatzkammern zu plündern.

„Was habe ich dir gesagt?", jubelte Knut. „Gold und Edelsteine! So viel, dass wir die Fische damit füttern könnten! Alles plündern! Die ganze Mannschaft muss ran!"

„Geschafft!", sagte Onkel Ingolf, als die glitzernde Beute endlich verladen war. „Wir können zum gemütlichen Teil übergehen."

„Lassen wir die Sorgen vorüberziehen und den Duft gebratener Tauben in unsere Nasen wehen!", schlug Knut vor. „Die Mannschaft hat sich ein Festmahl verdient!"

So plünderten sie auch noch die klösterliche Speisekammer und Onkel Ingolf rollte höchstpersönlich sieben Fässer Wein in den Speisesaal.

In dem ganzen Festtagstrubel hatte niemand mehr auf Aki geachtet.

Hauptsache, er stand nicht im Weg! So konnte er sich ungestört in den Klostergarten verdrücken. Dort hockten neun Mönche gefesselt auf der Erde und zitterten wie Espenlaub.

„Keine Angst, ich bin es, Aki! Ein kleiner lieber Wikinger!", sagte Aki. „Klaia Wikina könau bösei", murmelte ein mutiger Mönch.
„Ihr seid ja geknebelt!", rief Aki und befreite die Mönche von den ekeligen Knebeln.
„Kleine Wikinger können auch große Gräueltaten begehen", sagte der mutige Mönch jetzt klar und deutlich.
„Große Taten schon", entgegnete Aki. „Große Heldentaten! Wer von euch kennt sich mit Kräutern aus?"
„Ich, Hortensius, der Blumenfreund", meldete sich ein Mönch mit rosigem Gesicht.
„Dann hast du sicherlich ein Kraut, das gegen Verstopfung gewachsen ist!", sagte Aki.
„Wenn du mich von meinen Fesseln befreist, kann ich dir weiterhelfen", erwiderte Hortensius.

„Das kann ich jetzt leider noch nicht", sagte Aki mit ehrlichem Bedauern. „Wenn Onkel Ingolf bemerkt, dass ich euch helfe, habe ich nichts mehr zu lachen und die ganze Rettungsaktion fällt ins Wasser."
„Ich werde ein Gebet sprechen, dass dein Onkel Ingolf nichts bemerkt", versprach Hortensius.
„Das kann nicht schaden", meinte Aki. „Aber das Kraut brauche ich trotzdem!"
„Also gut. Dort hinter dem riesigen Rhododendron findest du den Kräutergarten. Gehe von dort drei Schritte nach links. Dann drehe dein Gesicht gen Osten. Das Kraut, das zu deinen Füßen wächst, ist das Kraut, nach dem du suchst. Aber hüte dich! Nimmst du zu viel davon, wirst du einen Tag und eine Nacht lang auf dem Donnerbalken sitzen. Und eine große

Schwäche wird sich deiner Glieder bemächtigen."

Aki pflückte einen ganzen Armvoll von dem Grünzeug. Er hatte keine Zeit zu verlieren. Onkel Ingolf und die anderen Wikinger würden bestimmt bald mit dem Festmahl beginnen. Es duftete bereits nach Rosmarin und frischem Brot.

Knut stand in der Küche an der Feuerstelle. "Aki!", rief er. "Du kommst wie gerufen. Mein Becher ist schon wieder leer. Pass kurz auf die Hühnersuppe auf! Ich hole mir Met. Sonst säuft dein Onkel Ingolf alle Fässer alleine aus!"

Das war die Gelegenheit. Aki zupfte die Kräuter so klein, wie er nur konnte, und warf sie in die Suppe. Dann rührte er gut um, füllte für jeden Wikinger ein Schälchen Suppe ab und trug die Schälchen in den Speisesaal.

"Guten Appetit!", sagte Aki fröhlich und aß selber nur ein Brot mit Quark.

"Hm, wie das duftet!", jubelte einer der Wikinger. "Viel besser als das olle Knäckebrot!", rief ein anderer.

Die Wirkung der Suppe ließ nicht lange auf sich warten. Bald schon wurden die Männer von fürchterlichen Bauchkrämpfen geschüttelt. Stöhnend und jammernd stolperten sie nach draußen. Wie Hortensius vorausgesagt hatte.
Endlich hatte Aki Zeit, die Mönche von ihren Fesseln zu befreien. Dann sah er nach Onkel Ingolf. Im Klosterhof fand er ihn. Inmitten der anderen Wikinger lag er schachmatt auf dem Boden. Kaum in der Lage, sein Schwert zu halten.

„Da muss etwas im Wein gewesen sein, was unsere Glieder schwächt", wimmerte Knut. „Vergifteter Wein, wie schrecklich!", jammerte Onkel Ingolf. „Und die blöden Mönche konnten sich auch befreien. Du musst uns nach Hause segeln, Aki. Nur du hast keinen Wein getrunken."
Mit letzter Kraft schleppten sich die Wikinger auf den „Wellenwolf". Sie versuchten nicht einmal mehr, die Mönche davon abzuhalten, das geplünderte Gold und die Edelsteine zurückzuholen. Sie hatten nur einen Wunsch: „Nach Hause, nach Hause!"

So kam es, dass Aki mit knapp elf Jahren ein Kloster rettete und zum Reservekapitän ernannt wurde. Aus der Tracht Prügel, die Onkel Ingolf ihm angedroht hatte, wurde natürlich nichts. Denn wer einem kleinen Helden den Hintern versohlt, kriegt ganz schnell selbst was auf den Pelz. Und das ist auch gut so.

Harald mit der großen Klappe

In Ribe in Dänemark lebte einmal ein Wikinger, den nannten alle nur „Harald mit der großen Klappe". Denn überall, wo er auftauchte, tat er sich hervor mit seiner Kunstfertigkeit und seinen Heldentaten. Ein paar Männer, die er richtig verärgert hatte, beschimpften ihn sogar als Großmaul oder Großkotz. Denn wenn Wikinger jemanden nicht leiden können, sind sie nicht zimperlich. Auch nicht mit Worten.

Aber das störte Harald nicht. Er hatte wirklich ein sehr dickes Fell.

Einmal aber erregte er mit seinen Lügengeschichten den Zorn der Götter, was ihm gar nicht gut bekam.

Es war zur Zeit der Sommersonnenwende. Überall brachten die Wikinger den Göttern Feldfrüchte dar, um sich für eine gute Ernte zu bedanken. Sie aßen, bis sie sich die Bäuche hielten, tanzten ausgelassen um die Feuer herum und reichten starken Met dazu.

Harald hatte bereits ein Gläschen zu viel getrunken und erzählte wohl deshalb eine besonders haarsträubende Geschichte. „Gestern bin ich von einer langen Eroberungsfahrt zurückgekehrt", fing er an. „Zusammen mit meinem Freund Leif Eriksson habe ich neues Land entdeckt. Dort trafen wir auf einen Haufen von Schwächlingen, die nicht mal im Kampf ihren Kopf durch Helme schützen. Stattdessen sehen sie aus wie gerupfte Hühner und tragen Federn im Haar. Doch die Bäume dort wachsen bis in den Himmel. Aus einem Baum lassen sich viele Häuser bauen. Bald werde ich zurückkehren in das neue Land und Holz holen."
„Gibt es dort auch Frauen?", fragte das Mädchen Frida. „Oh ja", antwortete Harald.

„Den schönsten von ihnen habe ich vorgesungen. Da sind sie reihenweise in Ohnmacht gefallen. Ich habe sie mit meiner Stimme verzaubert. Von da an verfolgten sie mich mit ihrer Zuneigung. Das war sehr anstrengend. Es ist leichter, sich vor einem heulenden Wolf in Sicherheit zu bringen als vor einer verliebten Frau."

„Das Mädchen möchte ich sehen, das dich will!", rief die kluge Frida. „Wahrscheinlich hat sie nichts als Schafswolle im Schädel!" Aber Harald überhörte diese Bemerkung und machte einfach weiter mit seinen Geschichten.

„Und als wir wieder in See stachen, überraschte uns gleich am dritten Tag ein Sturm, der die Wellen so hoch schlagen ließ, dass sie die Sterne vom Himmel spülten. So mussten wir in dunkler Nacht weitersegeln und – wie konnte es anders sein – unser Schiff zerschellte an den Felsen einer unbewohnten Insel."

„Aber du bist doch wohlbehalten hier, erfreust dich bester Gesundheit und trinkst unseren Honigwein", wunderte sich Frida. „Doch nur, weil mir die Götter sehr gewogen sind", sagte Harald geheimnisvoll. „Odin schickte mir nämlich seinen Hengst Sleipnir."
„Den achtfüßigen Hengst, der schneller läuft als alle anderen?", fragte Frida weiter. „Genau den", antwortete Harald. „Und der trug mich in Windeseile nach Dänemark. Nicht einmal nasse Füße habe ich bekommen. Und dem Gaul hat der Ausritt richtig Spaß gemacht. Odin sollte ihm öfter mal die Sporen geben." Als Odin diese Lüge vernahm, rief er seinen Sohn Thor zu sich, den stärksten unter den Göttern. „Wir müssen diesem Großmaul Harald eine Lehre erteilen", sagte er.

„Kein Mensch darf sich ungestraft über die Götter erheben und sie der Lächerlichkeit preisgeben."

Da schickte Thor einen jungen Gott zur Erde, den er als Wikingerjunge verkleidet hatte. Dieser Junge nannte sich Sven, und da er in Begleitung eines Stinktiers war, erregte er überall Aufsehen. Denn in Dänemark gab es keine Stinktiere.

Manche Leute wollten das Tier streicheln und hochheben, aber Sven warnte sie und sagte: „Lasst es lieber in Ruhe. Sonst versprüht es eine stinkende Flüssigkeit. Die beißt schrecklich in den Augen."

Es gefiel Harald gar nicht, dass die Leute dem kleinen Jungen so viel Aufmerksamkeit schenkten.

„Was macht ihr für ein Theater um das Vieh", brüllte er.

„Davon habe ich Tausende in dem neuen Land gesehen. Dort werden sie zum Frühstück verspeist."
Sogleich packte er das Stinktier im Genick und hielt es zappelnd hoch. Das ließ sich das Stinktier natürlich nicht gefallen und spritzte eine übel riechende Flüssigkeit direkt in Haralds Gesicht.

Harald stürzte zu Boden und rieb sich wimmernd die Augen. „Hilfe!", schrie er verzweifelt. „Ich bin blind!"
Die Menschen aber liefen in alle Richtungen davon, weil sie den Geruch von Kuhmist, faulen Eiern und Käsefüßen nicht ertragen konnten. Noch viele Wochen lang stank Harald zum Himmel und musste sich seine Lügengeschichten selber erzählen. Das kommt davon, wenn man kleinen Jungen nicht glaubt, weil man es selber mit der Wahrheit nicht so genau nimmt.

Ein ganz besonderer Schatz

Solange sie denken konnten, waren Björn und Svana Freunde. Tag für Tag spielten sie zusammen am Strand. Manchmal versuchten sie, einen jungen Falken zu fangen, und manchmal schauten sie dem ewigen Spiel der Wellen zu.

Eines Tages, als Björn eine schöne Muschel für Svana suchen wollte, fand er ein langes Stück Holz, in das merkwürdige Zeichen eingeritzt waren. Das mussten Runen sein. Solche Zeichen hatte Björn schon einmal gesehen. Auf einem Stein, der zu Ehren eines tapferen Seemannes errichtet worden war.
Sofort lief er zu Svana und sie überlegten, was die Runen wohl bedeuten könnten.
„Vielleicht berichten sie von einem gesunkenen Schiff", sagte Björn.
„Oder bitten um Hilfe", überlegte Svana.
„Vielleicht weisen die Runen aber auch den Weg zu einem Schatz."
„Wir müssen jemanden finden, der die Runen lesen kann", sagte Björn. „Sonst überlegen wir noch bis zum Abendrot."
So machten sie sich auf den Weg zu Erik,

dem Schmied. Erik betrachtete das Holzstück eine ganze Weile lang. Dann sagte er: „Ich verstehe die Nachricht nicht ganz. Wahrscheinlich ist es eine Bestellung für einen Drachenkopf. Lasst das Runenholz hier. Morgen werde ich Olaf Schönhaar fragen. Er kennt sich mit Runen besser aus."

Auf dem Heimweg kamen Björn und Svana Zweifel, ob es richtig war, das Runenholz bei Erik zu lassen.
„Er hat so komisch geguckt, als er die Runen gelesen hat", sagte Svana. „Glaubst du, dass wir ihm trauen können?"
„Wir haben keinen Grund, ihm zu trauen, und wir haben keinen Grund, ihm nicht zu trauen", meinte Björn. „Aber lass uns zurückgehen und das Runenholz holen. Dann kehrt Ruhe ein in deine Gedanken."

Gerade als sie wieder Eriks Werkstatt betreten wollten, entdeckten sie Olaf Schönhaar. Schnell versteckten sie sich hinter einem großen Weidenkorb.
„Ich denke, er kommt erst morgen", flüsterte Svana. „Psst", flüsterte Björn. „Erik sagt gerade was."
„Was steht da für ein Unsinn?", fragte der Schmied. „Wo drei Kiefern in den Himmel wachsen, liegt ein Schatz für zwei? Kapier ich nicht!"

„Ich schon", sagte Olaf Schönhaar. „Wir müssen einen Ort suchen, an dem drei sehr hohe Kiefern nah beieinanderstehen, und dort ist ein Schatz vergraben."
„Ein Schatz für zwei, also für mich und dich!", ergänzte Erik. „Wir warten, bis es dunkel wird, dann buddeln wir ihn aus. Damit die zwei kleinen Kröten nicht misstrauisch werden."

Björn und Svana hatten genug gehört. Eilig rannten sie nach Hause, um einen Spaten zu holen. Sie konnten es nicht erwarten, zu den drei hohen Kiefern zu kommen, um den Schatz zu bergen.

Abwechselnd machten sie sich daran, ihn auszugraben. Im Sommer war der sandige Boden zum Glück nicht gefroren.

Endlich, der Spaten war auf etwas Hartes gestoßen! Mit bloßen Händen buddelten sie gemeinsam weiter, bis eine kleine Holzkiste zum Vorschein kam.

„Ich möchte sie öffnen", bat Svana und klappte den Deckel hoch. Welch ein Anblick bot sich da den beiden Freunden!

Die Kiste war über und über gefüllt mit bunten Glasperlen und inmitten der Glasperlen lagen zwei runde Fibeln.

Beide Spangen waren aus Gold gefertigt und kunstvoll verziert. Sie unterschieden sich nur durch die Farbe des Bernsteins, der in ihrer Mitte saß.

„Diese Fibeln machen jedes Gewand zu einem kostbaren Gewand", sagte Svana. „Und sie gehören für immer zusammen", sagte Björn. Svana bekam die Fibel mit dem hellen Bernstein und die andere, mit dem dunklen Stein, steckte Björn an seine Tunika.

Die Glasperlen nahmen sie natürlich auch an sich. Dann füllten sie die Kiste mit feinem Sand und vergruben sie wieder.

„Erik und Olaf werden heute Nacht gar nicht merken, dass die Erde hier lockerer ist", sagte Svana. „Aber dafür werden sie merken, dass sie Holzköpfe sind", sagte Björn und lachte laut auf.

Es war einfach zu schön, sich vorzustellen, wie die beiden in der Sandkiste wühlten. Wie verabredet machten sich Svana und Björn am nächsten Tag auf den Weg zu Erik. Als sie seine Werkstatt betraten, merkten sie gleich, dass der Schmied müde aussah und zerknirscht. Wie einer, der beim Gänseessen mit den Knochen vorliebnehmen musste.

„Nun, was hat Olaf Schönhaar zu den Runen gesagt?", fragte Björn. Doch der Schmied ließ sich nicht stören und hämmerte weiter auf einem Eisen herum. „Nichts", murmelte er nur. „Wie ich gesagt habe. Eine Bestellung für einen Drachenkopf."

„Bist du dir sicher, dass es nicht eine Bestellung für einen ... Holzkopf war?", fragte Björn weiter.

Da schaute Erik überrascht auf und entdeckte die kostbaren Fibeln, die Björn und Svana an ihren Gewändern trugen.

Doch was sollte er jetzt noch sagen? Schließlich konnte er ja nicht zugeben, dass er von zwei Wikingerkindern an der Nase herumgeführt worden war.

Snorri, Freund der Wale

Rollo, der Rote, war ein berühmter Schiffsbaumeister. Seine Drachenschiffe waren unter den Wikingern heiß begehrt. Und weil er durch sein Handwerk sehr reich geworden war, genoss er großes Ansehen in Kaupang. Denn Reichtum galt bei den Wikingern als untrügliches Zeichen für die Gunst der Götter.

Rollos Frau Gerda hatte ihm nach vielen Jahren endlich einen Sohn geschenkt, den sie Snorri nannten.

Von früh auf nahm Rollo seinen Sohn mit zu den Schiffen, denn er hoffte, dass Snorri einmal in seine Fußstapfen treten würde. Aber leider zeigte Snorri kein Interesse für das Handwerk seines Vaters.

Viel lieber stürzte er sich in die Wellen und studierte die Bewohner des Meeres.
Er hatte sich ein einfaches Brett zurechtgeschnitten, mit dem er über die Wellen gleiten konnte.
Zuweilen schwamm er so weit auf das Meer hinaus, dass er den kleinen Walen begegnete.
Die Leute wunderten sich über Snorri und sagten: „Er spricht lieber mit den Walen als mit seinesgleichen. Eines Tages werden die Götter seine Arme und Beine in Flossen verwandeln."
Aber das war natürlich großer Quatsch.
Trotzdem wurde es Rollo allmählich zu bunt mit seinem Sohn.
„Wir müssen ihn mit der Seefahrt vertraut machen", sagte er eines Tages zu Gerda, seiner Frau.

„Morgen werde ich mit Snorri in See stechen und einen ordentlichen Seemann aus ihm machen. Und wenn ich ihn nach zwei Tagen zurückbringe, wirst du deinen Sohn nicht wiedererkennen."

Nun, es kam ganz anders, als Rollo gedacht hat. Ein starker Sturm machte ihm einen Strich durch die Rechnung. Das Schiff kenterte und die Meereswogen warfen Rollo und seinen Sohn an den Strand einer unbewohnten Insel.

Nun mussten sie sich zu zweit durchschlagen. Aus Treibholz bauten sie eine Hütte, sie sammelten Beeren und Snorri fing jeden Tag ein paar Fische. Er hatte sich schnell damit abgefunden, nur in Gesellschaft seines Vaters die Tage zu verbringen. Auch hatte er nie Langeweile, weil er die Vögel beobachtete, ihnen

zuhörte und ihre Sprache erlernte.
Allein sein Vater machte Snorri Sorgen.
Traurig saß Rollo vor der Hütte und starrte über das Meer. „Hier wird uns niemand finden", jammerte er. „Nicht einmal deine Mutter. Sie ist bestimmt schon schrecklich wütend, dass wir nicht pünktlich zum Abendessen zu Hause waren."

Das leuchtete Snorri ein und er sagte: „Ich werde deine Trauer vertreiben, Vater. Lass mich nur die Wale rufen. Sie werden mich heimbringen, um Hilfe zu holen." So setzte sich Snorri an den Strand und sang ein Lied, das Rollo nie zuvor in seinem Leben gehört hatte.

Als Rollo am nächsten Tag aufwachte, war Snorri verschwunden. Er suchte die ganze Insel nach seinem Sohn ab. Ohne Erfolg. Schließlich wartete er nur noch. Und eines Abends – Rollo traute seinen Augen nicht – tauchte am Horizont ein Schiff auf.
Je näher es kam, umso deutlicher konnte er es erkennen: Es war sein bestes Schiff, die „Seeschlange".
Eine ganze Mannschaft ruderte es an den Strand und am Bug standen Snorri und Gerda. „Wie siehst du denn aus!", rief Gerda, als Rollo endlich in Hörweite war. „Unseren Sohn habe ich sofort wiedererkannt. Aber du musst dich dringend rasieren. Dein Gesicht ist ja schon ganz zugewachsen!"
Alle umarmten sich herzlich und hatten sich viel zu erzählen.

Bis Gerda schließlich sagte: „Jetzt reicht's! An die Ruder, Männer! Sonst verpassen wir morgen das Frühstück!"
Snorri aber wurde ein berühmter Naturforscher und im ganzen Wikingerreich kannte man ihn als Snorri, der mit den Walen singt.

Die Legende von Freya Windbraut

Wenn die Wikinger ihre Feste feierten, gehörten nicht nur gutes Essen und starker Met-Trunk dazu, sondern auch Lieder und Geschichten. Eine Geschichte, die noch heute erzählt wird, ist die Legende von Freya Windbraut.

Vor langer, langer Zeit brachten ein paar Wikinger einmal Frauen und Kinder auf den Markt in Haithabu. Sie hatten sie auf ihren Feldzügen gefangen genommen und wollten sie nun als Sklaven verkaufen. Unter ihnen war ein besonders schönes Mädchen. Ihr Haar war zu zwei dicken blonden Zöpfen geflochten und ihre Augen hatten die Farbe von rehbraunem Samt. Dieses Mädchen trug den Namen Freya.

Ein reicher Bauer aus Jelling brauchte eine Magd für seinen Hof. Er bezahlte den hohen Preis für Freya und nahm sie mit. Tagaus, tagein musste sie kochen, waschen und putzen. Sie war sehr traurig. Nicht wegen der Arbeit, die sie verrichten musste, sondern weil sie ihre Eltern und Geschwister vermisste. So weinte sie jeden Abend.

Doch sie hatte niemanden, dem sie ihr Leid klagen konnte. Eines Tages kam ein Falke vorbeigeflogen und sprach: „Warum weinst du, Mädchen? Die Götter haben dir Schönheit und Anmut geschenkt, was fehlt dir noch zum Glück?"

„Ach, ich habe ein großes Heimweh, das nicht verblassen will", antwortete Freya.

Da flog der Falke direkt zu Thor, dem stärksten der Götter, und bat ihn um Hilfe für das weinende Mädchen. Und weil Thor ein goldenes Herz hatte, besonders für schöne Mädchen, ließ die göttliche Hilfe nicht lange auf sich warten.

Am nächsten Tag, als Freya in den Garten ging, um ein paar Kräuter zu holen, stand plötzlich ein schöner weißer Hengst vor ihr. „Steig auf", sagte er. „Ich bringe dich wohlbehalten nach Hause."
Freya tat, wie ihr der Hengst befohlen hatte. Als er jedoch an Haithabu vorbeigaloppieren wollte, stoppte sie seinen Lauf und sagte: „Führe mich zum Sklavenmarkt, mein Freund!"

Schon von ferne sah sie gefangene Frauen und Kinder.

Ich werde zwei Kinder rauben und nach Hause zurückbringen, überlegte Freya.

Und schnell wie der Wind stürmte sie auf den Markt, schnappte sich einen Jungen und ein Mädchen und ritt mit ihnen davon.

Auf dem Marktplatz entstand ein großer Tumult.

„Noch nie habe ich ein so schnelles Pferd gesehen", sagte ein Händler. „Nur die Götter wissen, wie das zugegangen ist!", sagte ein Bauer.

Gleich wurde ein Trupp von mutigen Männern zusammengestellt, um den weißen Hengst zu verfolgen.

Aber die Krieger kamen schon nach einem Tag zurück, ohne auch nur eine Spur gefunden zu haben.

Es dauerte nicht lange und im ganzen Land verbreitete sich die Kunde, dass das Sklavenmädchen Freya auf einem wundersamen Schimmel durch die Wälder reite. Schnell wie der Wind! Und es hieß, dass sie nicht eher zur Ruhe kommt, bis alle geraubten Kinder befreit seien. Zwischendurch machte Freya immer mal einen kleinen Abstecher in ihr Heimatdorf. Und wenn sie von dort wieder losritt, um in Haithabu Kinder zu befreien, dann brach der Abschiedsschmerz ihr nicht das Herz. Nein! Ganz im Gegenteil! Ihr Herz war voll Freude! Weil sie wusste, dass es einen Ort gab, an den sie immer zurückkehren konnte.

Seitdem erzählt man sich an den Feuern die Geschichte von Freya Windbraut und ihrem weißen Hengst. Und wenn es so richtig stürmt und der Wind durch jede Türritze pfeift, dann sagen die Leute noch heute: „Hörst du es auch, Freya Windbraut reitet wieder durch die Wälder."